একলা বৃষ্টিতে...

প্রথম প্রকাশ
২০১৩
অরুনাভ চ্যাটার্জি

একলা বৃষ্টিতে
কপিরাইট অরুনাভ চ্যাটার্জি

মূল্য – ১৩৯ টাকা

যারা সারাজীবন একসাথে পথ চলবে বলেছিল
কেউ কথা রাখেনি
তাদের জন্য

আর

বৃষ্টি কে

চেন কি আমায় ?
আমি সেই -
যে তোমার পাশের বাড়ির ওই ছোট্ট ঘরটায় থাকি
রাস্তার মোড়ে দাড়িয়ে সিগারেটে টান

চিনতে পারলে না আমায় ?
আমি সেই -
যে পাড়ার মোড়ের চায়ের দোকানে দাড়িয়ে
কখনও কখনও চা য়ে চুমুক

এখনও বুঝতে পারলে না আমি কে ?
আমি সেই -
যে রাজনৈতিক চিন্তা ভাবনার হয়েও
সেকেলে মতবাদকে আঁকড়ে ধরে সমাজকে
বদলাতে পারে না

চিনলে তো আমায় !!
আমি সেই -
যে মুখ থুবড়ে পড়ে ঘুরে দাঁড়াতেও শিখে গেছে
আমি অতি সাধারন এক ঘরকুনো
তাইতো আমি অসাধারণ ।।

সূচীপত্রঃ

।। ১ ।। প্রতীকী ধ্বস

মাঝে মাঝে নিরালায় বসে ভাবি,
এই নির্মম নির্লজ্জ হিংস্র পৃথিবীতে নারীর কি স্থান!
নারীই কি শুধু একমাত্র ভোগ্যপণ্য ?
সভ্যতার সেই আদিম যুগ থেকে নারী 'মা' এর স্থান
সেই 'মা'এর আজ কি আর কোন দাম নেই?

নস্ত্রাদামুস, মায়া সভ্যতার ভবিশ্যবানী তবে কি সত্যি?
পৃথিবীতে আজ তাহলে কি সত্যিই নারীর দাম ফুরিয়েছে?
এ কোণ সমাজে আমরা রয়েছি, কোথায়ই বা আসবে আমাদের আগামী
কবি কি তাহলে মিথ্যেই আশা করেছিলেন -

"এ বিশ্বকে এ শিশুর বাসযোগ্য করে যাব আমি
নবজাতকের কাছে এ আমার দৃঢ় অঙ্গীকার।।"

আবার হয়তো আমরা সবাই সব ভুলে যাব
আবার রোজকার জীবনযুদ্ধ
শ্লীলতাহানি আজকাল রোজকার ব্যাপার
টিভি সিরিয়ালের মত কাগজে রোজ আসে, রোজ যায়
আবার আমরা ভুলে যাই...

অনেক যন্ত্রণা, অনেক হিংস্রতাকে দূরে সরিয়ে
পারি না কি ? বাসযোগ্য করে ফেলতে এই সুন্দর
পৃথিবী 'মা' কে?
সামাজিক অবক্ষয়ের ক্যাকটাসে ক্ষতবিক্ষত নারী
আজ কি সত্যিই "মা" ?

।। ২ ।। তোমার শেষ চিঠিটা

এই তো সেদিন শীতের শেষে একটা চিঠি!
রঙটা ঠিক মনে নেই লাল কিংবা গোলাপি
হতে পারে সবুজও... ভুলে গেছি
খুললাম।
কিছু কথা লেখা ছিল,
হয়তো ফিরে আসার কথা ... মনে নেই আর।

আমি তখন আসছিলাম রোজকারের মত
সারাদিনের শেষে দুনিয়া জয় করে
দুমুঠো ভাত আর অনেকটা সম্মান জোগাড়
করে...
ওটাই আমার কাছে জীবনে সবথেকে বড়
একটু সুখ আর একটু অবুঝ......
ঠিক চিঠিটারই মতন , আকুল অনুরাগে।
কি লাভ আর, ফিরে আসার কথা ভেবে।।
স্মৃতির আদলে আমি তার মুখ গড়ে নিই
যেমন দুপুরের আদলে নিঃস্তব্ধতা

কোনো কোনো দিন
একটা পাখি এসে ডাকে
বিকেলের শেষ আলো পালকে তার
বলে, ওঠো, সন্ধে হয়ে গেছে ...

।। ৩ ।। প্যাঁসনেট লাভ

মাঝে মাঝে তোমায় খুব
আপন করে নিতে ইচ্ছে করে
কিছু অপূর্ণ সাধও একটু স্বাধীনতা খোঁজার
অবাধ্যতা করতে চায়,
দূরে না হোক, তোমার হাত ধরে গঙ্গার ধার
কিংবা সেটা না হলেও
বারান্দা পর্যন্ত হলেও যেতে সাধ হয়, ভুল করেও
ইচ্ছে করে একটু ছুঁয়ে দেব তোমার এলোমেলো
ওই চুল;

মধ্যবিত্ত ঘরের ছেলে,
আহ্লাদগুলো সব মুচকি হাসে,
ভয় হয় কে জানে কখনও ইচ্ছের কথা তুললে
ভাবি কাঁধে পাপের বোঝা যদি ভারী হয়,
ভীষন ভয়, ভীষন ভয় হয়!

জানি তোমার কাছে আমি অনেক অপরাধী,
অনেক দোষের ভাগী।
তবু কি জান? যা কিছু প্রাসঙ্গিক, বলা উচিত ছিল
বলতে গিয়ে শুধু 'ভালোবাসি' শব্দটাই বেরিয়েছে
বারবার।।

।। ৪ ।। চল দুজনে একবার পালিয়ে যাই

চারপাশটা ভুলে গিয়ে
সব কষ্ট গুলো মাটি চাপা দিয়ে
দেশ কাল সীমানার গণ্ডী টপকে
সব পিছুটান দূরে সরিয়ে রেখে
চোখের জল গুলো ঝেড়ে ফেলে
সব সুখ, সব স্বপ্ন গুলো বুকে নিয়ে
সব হাসি গুলো ঠোঁটের কোনায়
তোমার হাত টা আমার হাতে নিয়ে
চলো পালিয়ে যাই আজ অন্য কোন স্বপ্নের দেশে
কোন রুপকথার রাজ্যে
যেখানে শুধু তুমি আর আমি
ফুলের সৌরভে ভরা বাগান
পাখির কলকাকলি
প্রজাপতির উড়ে বেরানো
আর একটি পঙ্খিরাজ ঘোটায় চড়ে আমরা
ঘুরে বেড়াব স্বপ্নের সেই দেশে
যাবে ?

।। ৫ ।। ভালবাসাঃ– কষ্টের ক্যাকটাস

কেন কিছু পুরনো কষ্ট কে
মনে করিয়ে দিলে ?
ভালোই তো ছিলাম - আবার কেন বলতো

ভুলে গেছি বলব না তবুও
নিজের পৃথিবী নিয়ে ভালোই তো আছি ,
কেন আবার দুর থেকে সাড়া দিচ্ছ ,
তবে কি আবার নতুন করে মনটা কে
ভাঙ্গতে চাও ?
আবার একটা নতুন কষ্ট দিতে চাও ?

ইয়ার্কি হচ্ছে নাকি সব ?

তোমার দেওয়া পুরনো কষ্ট টাই এখনও
আমাকে কুড়ে কুড়ে খাচ্ছে...
তাই তুমি ফিরে এসো না তোমাকে আর
নতুন করে বিশ্বাস করতে পারব না আমি ।
পারব না মন থেকে বলতে

ভালোবাসি তোমায়।। ...

।। ৬ ।। তোমায় নিয়ে নিরুদ্দেশ

তোমার চোখে বৃষ্টি আষাঢ়
ঠোঁটে রোদের প্রেম
কপাল জোড়ে আগোছালো
মেঘের হিমশিম।
এই শ্রাবনে আমার আকাশ
তোমায় খোঁজে বেশ
ইচ্ছেঘুড়ি তোমায় নিয়ে
হবে নিরুদ্দেশ।

মেঘ পড়েছে তোমার গায়ে
সৃষ্টি হয়ে জল
এই শ্রাবনে ভিজিয়ে দেবো
তোমার প্রেম নগর
বুক পাঁজরে তোমায় নিয়ে
ইচ্ছে যে অশেষ
ইচ্ছে ঘুড়ি তোমায় নিয়ে
হবে নিরুদ্দেশ।।

।। ৭ ।। হঠাৎ দেখা

ফিরতি পথে দেখি রিয়া ..
তার হাই–হিল
চোখ আঁকছে
গত বছরের ফেলে দেওয়া লাইনার ।।

প্রেম ভাসানো চিঠিরা বেড়াল হলো গোপনে
তাবৎ থাবায় অনায়াস হতে থাকে গলি পাঁচিল
চিঠিরা কখনো আকাশ ভাঙে দামী পালকে
ফোন চলে যায় হঠাৎ ভুলে যেতে চাওয়া নম্বরে ।।
নিখোঁজ তালিকায় বড় বেশী ভিড়
লম্বা রিঙের ফাঁকে –
আবছা রোমান্টিক কলার টিউন
তুমি ভাল আছো...
বিষন্নতার মঞ্চ খোঁজে অবাক শূণ্যতা

এদিকে সাজ সাজ
আপন অন্তরায় তখন ঘোর রাত্রি ।।

।। ৮ ।। শুধু তোমারই জন্য

শুধু তোমার জন্য আমার সারা রাত জেগে থাকা
শুধু তোমার কারণে তারা গোনা।
তোমার অপেক্ষায় নির্ঘুম দুটি চোখ।
উতলা এ মন আবেগে উন্মুখ।

আকাশে পূর্ণিমার চাঁদ।
রুপোলী জ্যোৎস্না আনন্দে উন্মাদ।
মাঝে মাঝে রাতজাগা দিশেহারা পাখীদের
হাঁকডাক।
আমি জেগে আছি শুধু একা।

অধীর আগ্রহে তোমার অপেক্ষায়।
স্বপ্ন নিয়ে দু চোখের পাতায়।
শুধু তোমার জন্য আমার সারা রাত জেগে থাকা
শুধু তোমার কারণে তারা গোনা।

।। ৯ ।। ভালবাসার প্রতিদান

তোমাকে আমি সত্যিকারের ভালবাসতে
শিখিয়েছিলাম
তার বদলে ...
তুমি আমাকে প্রতিদানে কি দিয়েছ জানো ?

খুব মানসিক যন্ত্রণা আর প্রচন্ড রাগ করতে।
ইদানিং তোমার এই অভ্যাসটা আমার মধ্যে
ব্যাপক পরিমানে প্রতিফলিত হচ্ছে সমস্ত ক্ষেত্রেই

তুমিও নেই, আজ কাল এই অতিমাত্রায় রাগ আর
অনিয়ন্ত্রিত জীবনযাপনের কারনে আমি আমার
সব বন্ধু আর কাছের
মানুষ গুলো কে হারিয়ে ফেলছি!
বড় একাকীত্ত বোধ হয়.. শুধু তোমার জন্য...
যদিও এই একা থাকা
আজ সারা দুনিয়ার অভ্যাস হয়ে গেছে
আজ আর ভালবাসার সেন্টিমেন্ট–
এর কোন দাম নেই

আর এতে তোমার প্রতি, তোমাদের প্রতি
আরও বেশি রাগ হয় ,
ঘৃণাবোধ জন্মায়...
শিখাবেই যদি ভাল কিছু
শিখিয়ে যেতে পারনি ?

।। ১০ ।। বৃষ্টির ফোঁটায়, চোখের জলে

প্রত্যেক বর্ষায় আমার ছোট্ট বারান্দায় দাঁড়িয়ে ,
আমি বৃষ্টির ফোটা গুনি আর
তোমার অপেক্ষা করি ।
তুমি আসবে, আমি তোমাকে বলবো ,
আমার মানসিক যন্ত্রণাগুলো, তুমি শুনবে আর
চোখের জল ফেলবে...
আমি অবাক হয়ে দেখবো –
তোমার অশ্রু প্লাবিত দুটো চোখ,
দেখবো কিভাবে একজন মানুষ
 অন্য জনের জন্য চোখের জল ফেলে ।
আমার জন্য কেউ কখনো চোখের জল ফেলেনি ,
জানো...
হয়তো ফেলার প্রয়োজন বোধ করেনি কখনও।
তবে আমি ফেলেছি...
প্রিয়, অপ্রিয়,পরিচিত, অপরিচিত এমন কি
অচেনা তোমার জন্যও এক মধ্য রাতে কেঁদেছি
শুধু তোমাকে হারানোর ভয়ে ।

বর্ষা যায় নতুন ঋতু আসে
তবুও আমি তোমার দেখা পাই না ।

তোমার সাথে বৃষ্টিতে ভেজা হয়না আমার ।
তোমাকে বলা হয় না আমার কষ্টের কথাগুলো ..
তবুও বর্ষা আসলে ,
বৃষ্টি দেখে তোমার জন্য অপেক্ষা করি,
বৃষ্টির ফোটা গুনি আর ....

।। ১১ ।। এসো একদিন বৃষ্টিতে ভিজি

এসো – একদিন বৃষ্টিতে ভিজি আর
পুরনো সব মান অভিমান,
বৃষ্টির জলে ধুয়ে ফেলি
আবার সবকিছু নতুন করে শুরু করি
যেখানে থাকবেনা কোন মানসিক দ্বন্দ্ব।

এসো আবার একদিন জ্যোৎস্নায় স্নান করি
মনের সব গ্লানি দূর হয়ে যাক
দূর হয়ে যাক সব সংকীর্ণতা
দুজনে মিলে ভেঙ্গে ফেলি নিরব নির্জনতা ।।

আমি আগুন খেতে ভালবাসি
তাতে আগুনের কি আর দোষ
সব তিক্ততার হোক অবসান
সব সন্দেহের হোক এক অকাল প্রয়াণ।

কেন মিছামিছি এত অভিনয় ?
আজ আরও কাছাকাছি আসুক এ দুটি হৃদয়
হয়তো আগের মত গোলাপ লাল হবে না
হয়তো তাতে কাঁটা অনেক বেশি হবে
যতই কাঁটার আঘাতে রক্ত ঝরুক
তবু টিকে থাকবে এই নিরব সম্পর্কের
আলগা হয়ে যাওয়া ফিতেটা!!

।। ১২ ।। একলা বৃষ্টিতে

সব কালো মেঘে বৃষ্টি হয় না
মনের জমে থাকা কষ্ট গুলোও কখনও কখনও
মেঘ হয় ...
আমার আকাশ শুধু নীল নয় ... লাল, কালো,
খয়েরী
ঘোলাটে চাঁদ... মিলেমিশে একাকার
মৃত সমুদ্রে আজও ঝর হয়
আকাশের রঙগুলো দিয়ে আঁকা ছবিগুলো কখনও
কখনও সত্যি হয়ে ওঠে
পার হয়ে যায় কত হাজার বছর
খুজে বেড়াই আমার ছোটবেলার পুরনো নীল
আকাশ
রাত্রিরা জেগে থাকে ... কেঁদে যায় বাতাস ।।

তবু–
সব কালো মেঘে বৃষ্টি হয় না
জমে থাকা কষ্ট ঝরে পরে না।

।। ১৩ ।। প্রাপ্তমনস্ক ইনফ্রাচুয়েশন

তোমাকে চাই আমি আরও কাছে
তোমাকে বলার আরও অনেক কথা আছে
আমি বলতে চেয়েছিলাম একান্তে
বেরসিক তুমি পাঠালে মোরে বৃন্দাবনে

কলকাতার নিয়নের নীল আলোয়, রঙিন মায়াবী
রাতে তোমায় মানায় ভালো
আমি ক্ষুদ্র একাকী, তোমার জন্য তুচ্ছ...
মনটাও আজিব
করেছিলাম পণ নিজের কাছে, করবো দেখা
তোমার সাথে
জড়াব তোমায় বন্ধুত্বের বাহুডোরে

বুঝিনি কত বড় ভুল পথে পা দিচ্ছি,
যেখানে শুধুই রাতের মুগ্ধতা
যেকোনো আনন্দ মুখরতার দিনে
সারা শহরের জন্য তুমি Available!!

তখন বুঝিনি কেন তুমি ছিলে এত বেরসিক
যানজটে শুয়ে পরেছে
শহরের শীততাপ নিয়ন্ত্রিত উন্নয়ন
পার্কের মলিন ঘাসে শুয়ে আছি আমি
সাথে প্রতিভাবান ব্যর্থতার সুখ।।

।। ১৪ ।। ধন্যবাদ তোমায় ভালোবাসা

খুব কাছ থেকে ছুঁয়ে দেখেছি আমি
চোখের জলের রঙ নীল...
বুকের গভীরে আপন করে
পেয়েছি আমি কান্নার স্বাদ
জীবনের সঙ্গী করে নিয়েছি একাকীত্বকে
নিষ্ঠার সাথে শুনেছি নীরবতার সুরের মূর্ছনা
আমি একাই শরীক হয়েছি স্বপ্ন
মৃত্যুর পারস্পরিক বোঝাপড়ায়
কান পেতে হাহাকারের পদধ্বনি
শুনেছি রাতের আধারে
আমি কাঁদি, কেঁদে যাই অনুক্ষণ
ধন্যবাদ তোমায় ভালবাসা
তুমিই আমায় খুঁজে দিয়েছ
সক্রেটিসের বিষের পেয়ালা
খুজে দিয়েছ সায়ানাইডের রহস্যময় ফর্মুলা

।। ১৫ ।। শুধু তোর জন্য

কুয়াশার চাদর মোরা সকাল, দুপুর
হিমে ভেজা রাত
পুরনো স্মৃতি কাছে এসে কড়া নাড়ে শ্রমাগত
বেদনা বিধুর বেদনা মধুর
কথা হয় দুজনে পাশে বসে, ভোর হয় রাত
চাদের বুকে এক টুকরো মেঘ এসে
তোর ছবি একে দিয়ে হারিয়ে যায়

চোখের জল শুকিয়ে গেছে
এখন আর কাঁদি না
চাতকের বুকে হাহাকার ওঠে
ফিরে আসবি না ?
তৃষ্ণার্ত ক্ষুধার্ত মন বিবাগী হয়ে
বসে বসে কথা হয় প্রতিক্ষণ
বেচে আছি দুঃস্বপ্নের মাঝে স্বপ্ন সাজিয়ে

শুধু তোর জন্য

।। ১৬ ।। রোদের আঁকিবুঁকি

গরম কালে, জানালার গ্রিল এর ফাঁক গলে রোদ এসে
পরে আমার ঘরের মেঝেতে
একটু বেলা বারতেই রোদের মাঝে চলে আলোছায়ার
লুকোচুরি খেলা
আমি তাকিয়ে থাকি রোদের তৈরি ভাস্কর্যের দিকে...,
জানালার ঐ মরচে পড়া লোহার শিক গুলো দিয়ে সে তৈরি
করে স্বপ্নের বৃত্ত,চতুর্ভুজত্র্য রেখাব   সরল কিংবা...
আমি চলতে চলতে থেমে যাই রেখার সাথে রেখার মিল
দেখে,
কখনো বা থেমে যাই পথ খুঁজে না পেয়ে।
রোদ কে করতে যাই মুঠো বন্দী,কখনো বা...
কখনো কখনো আমি রোদের ভেতর খুঁজি নিজের
অস্তিত্ব,
রোদ ঢাকা পরে যায় কখনো মেঘের নীল কষ্টে,অনেকটা
আমার মত করে।
আবার দেয় নিজেকে বিলিয়ে..গোধূলির শেষ লগ্নে
আঁধারের কাছে, অনেকটাই আমার মত করে।
তাই আমি রোদকে সঙ্গী করে হেটে যাই তাই উত্তপ্ত
রাজপথে
নিজেকে মিলাই রোদের শৈশব,কৈশোর,প্রৌঢ়ের সাথে,
রোদকে তাই ভালোবাসি বন্ধু ভেবে ।।

।। ১৭ ।। কপালপোড়া অনুঘটক

আমি নীল রঙে বৃষ্টির ছবি এঁকেছি বহুবার
আমার রেইন মেশিন চাই না
সে তো আমার, তোমার, সবার কাছে আছে
শুধু প্রত্যেকেরই একটা অনুঘটকের চাহিদা
তা সে অনুঘটক যে কি ভাবে এক এক জনের
উপর কাজ করবে তা কিন্তু কেউ জানে না...
চায় না বুঝতে গিয়ে নিজের টাইম নষ্ট করতে

আমি অনেকের অনুঘটক হয়েছি,
তোমার চাই ?
আজকাল অনেকেই আমাকে অন্যরকম ভাবে
বোঝার চেষ্টা করে...
তাও ভাল, তাঁদের আমাকে বুঝতে চাওয়ার
প্রবনতা রয়েছে

প্রতিবাদী চরিত্রেরা শুনেছি তাঁদের জীবদ্দশাতে কপালপোড়া
তাহলে প্রতিবাদী প্রেম অথবা সমাজের চেতনা জাগ্রক
করতে চাওয়া কি

অপরাধ ?

তাই যদি সত্যি হয়, সেই অপরাধ আমি
হাজার হাজার বার করতে রাজি
অনুঘটক হতে রাজী, প্রতিবাদী রক্তবীজ তৈরির ফর্মুলার।

।। ১৮ ।। নতুন স্বপ্নের ভোর

প্রতিটি ভোর নতুন করে স্বপ্ন জড়ো করতে শেখায়,
প্রতিটি দিন সুযোগ দেয় কিছু –করার ছোট কিংবা বড়ো,
প্রতি রাতেই হিসেব কষাকী গেছে –, কী পেলাম?
আজকে ভোরে নতুন শুরুর ব্রত নিয়ে উঠলাম।
বছর ঘুরে হিসেব খাতায় কত্ত কিছু পাওনা গন্ডা,
মিলিয়ে দেখি কোনটা বেশি, কী কী না পাওয়া?
বন্ধুত্ব, ভালবাসা, রাশি রাশি সুখ–
পেয়েছি কি এতোটুকুও?
আচ্ছা ওসব হিসেব থাকুক, নতুন বছরে–
নতুন করে আঁকব হাসি, সবার অধরে।
যা গেছে তা যাওয়ার ছিল, যা পেয়েছি; ঢের–
যা পাইনি তা পাবো ভেবে স্বপ্ন দেখি ফের--
ছোট্ট কেন স্বপ্ন দেখা? স্বপ্ন দেখি বড়ো–
রং যেন হয় আরও রঙিন, ভালবাসায় জড়ো!---
ঘর ছোট হোক, কিংবা বড়, তবু পেটের, মনের–
খাবার যেন অঢেল থাকে, দেশের সকল জনের
থাকে যেন নারীর সম্মান, হোক সবার সুখ, শান্তি, সমৃদ্ধি
বছরের প্রথম ভোরের, প্রথম আলোয় সবাই সেই সপথই করি।

।। ১৯ ।। ভেবেছিলাম একসাথে...

বলেছিলে শান্ত বৃষ্টির মতো,
টিপটিপ করে ঝরে পড়বে আঙ্গিনায়।
কিন্তু না, ঝড় হয়ে এসেছিলে সেদিন !

বলেছিলে একাই আসবে ,
কিন্তু না, সাথে করে নিয়ে আসলে
ঝড়ো হাওয়ার নিষ্ঠুরতা !
প্রচুর বর্ষণে ছোট্ট জলাশয় কে
বানিয়ে দিলে খরস্রোতা নদী !
নদীতেই বিলীন হয়ে যায় প্রিয় আঙ্গিনা টা,
যেখানে বসে ছিলাম শুধু
তোমার ই আসার অপেক্ষায় !!
বলেছিলে সব কিছুই ভিজিয়ে চলে যাবে,
সব কিছু ভিজিয়েছ ঠিকই,কিন্তু থামোনি।
এখনো ভিজিয়ে চলেছ দুচোখ
ভেবেছিলাম তুমি আসলে এক সাথেই ভিজব,
পড়ে রইব সবুজ ঘাসের ডগার উপর !
চেয়েছিলাম আকাশের মনে হিংসা জাগাবো !
আমাদের ভালবাসার দূরন্তপনা দেখলে
সে নিশ্চয়ই হিংসায় জ্বলে যেত !
তা হল না ...
এরপরেও কি তোমার উপর আস্থা রাখা যায় ?
শোন, তুমি হলে weather forecast র মতো
যা ক্ষণে ক্ষণে বদলায়।

।। ২০ ।। প্রসওভার প্রেম

অনেক কথা বলার আছে– জানি না কাকে বলব

চোখের জলগুলো তোমার জন্য ছিলো কি না
জানি না...
তবে তোমাকে আজ খুব মনে পড়ছিলো...
যদিও তুমি জানবে না কোনো দিন...
তাতে কি !! তুমি তো এ টাও...জানতে না যে
...তোমায় আমি কতোটা ভালোবেসেছিলাম

।না জানাই থাক...
আমার কান্নাকে ছাপিয়ে তুমি হেসে চলেছিলে...
অন্য কারও সাথে... দিনে, রাতে ...

আমার জন্য তখন সময় ছিল না তোমার কাছে
আমি চাই তুমি হাসো ,কিন্তু তোমার হাসি টা যে...
আমায় কষ্ট দেয়...
কারণ আমি জানি হাসিটা যে আমার জন্য না...
ওটা তোলা থাক তোমার একান্ত আপন জনেদের
জন্য

তাই আমি চলে যাচ্ছি...
ভাবছি ফিরবো না আর...
হবো না আর তোমার মুখোমুখি কোনদিন...

ভালো থেকো ।।

।। ২১ ।। বারুদের গন্ধ

আমি চিৎকার করেছি বারবার একটা বিষয়ে,
সব শক্তি আজ শেষ,গলাকাঁটা আওয়াজ!
কার্তুজ এর মত অবহেলায়,নিথর দেহ পড়ে,
শব্দরাজি স্থবির, নিস্তব্দ, বুকফাটা হাহাকার।

শেষ বিকেল,চিন্তিত মুখ,থমথমে পরিবেশ,
সপ্নকে উড়াই ঘুড়ির সাথে,মুক্ত আকাশ,
লাটাইটা নিজের হাথ থেকে ছিনিয়ে নেওয়া
হয়েছে অন্য হাতে ।

গলাফেটে রক্ত, বিষাক্ত অক্সিজেন চারদিকে।
মৌলিকতার নামে কৃত্রিমতার বহিঃপ্রকাশ, শুধুই
কপি চলছে
প্রতিবাদ একটা বিরাট অংশের বিরুদ্ধে
সত্যিকে মিথ্যা, মিথ্যাকে সত্যি তে রুপান্তরে
কুয়াশা,ধোঁয়াশা চারদিক।

সচেতনতার প্রদীপ আজ নিভু নিভু স্থির কালো
রাত্রি,
তেলের বড় অভাব,স্বার্থের টানে সকালকে রক্ত
জড়িয়ে খুন।
লক্ষ্মীর ভাঁড়ারে পরেছে আজ মন্দার টান, তাও
টাকা ছড়িয়ে নাচ
রাস্তায় পড়া রক্তে, ভারী বুট আর বেয়নেটে দীর্ঘ
হতে থাকে রাত্রির দৈর্ঘ্য।

স্বার্থউন্মেষী কালো টাকায় গড়ে চলে স্বপ্ন বিহার।

প্রতিবাদী গলা,কণ্ঠ নালী ছিঁড়ে ফেটে চৌচির।
প্রতিবাদকে দমিয়ে রাখার প্রচুর চেষ্টা নগ্নরুপে
প্রকট
একে একে ধ্বংস,অত্যচার নৃশংস,ভেঙ্গে পড়ে
সত্যের প্রাচীর
মানুষের হানাহানিতে রক্তনদীর চোরা স্রোত।।

আজ তোকে বড় দরকার, প্রয়োজন তোর
প্রতিবাদ
কিন্তু তোকে তো আজ ফিরে পাওয়ার জায়গা
নেই...
পেরেছিস কি ? তোর মত কাউকে তৈরি করে
রেখে যেতে ?
কে বইবে প্রতিবাদের জয়ধ্বজা ?

।। ২২ ।। ধিক্কার

লম্বা যানজট এ ভরা রাস্তা...
রোজ একটা কালো আর একটা রুপোলী গাড়ীর
প্রেম অনেকক্ষণ যাবৎ...
কমকরে ঘন্টাখানেক তো হবেই
রাজারহাটের ঝা চকচকে পরিবেশ
হঠাৎ একদিন তাদের প্রেমে বাধা
এখন আর তাদের একসাথে থাকতে দেখা যায়
না...
গাড়ি দুটোর বন্ধুতা parking place এও না
কৌতূহলী হয়ে জানার চেষ্টা করলাম
কারন – এখানে পরিবার বড়ই ব্রাত্য ।।

বেশ কিছুদিন ধরে অফিস যাবার পথে
এ রকম অনেক প্রেম প্রেম খেলা দেখে
বিষ জমে উঠছে শিরায় উপশিরায়
মাথার ভেতরে বিষধর সাপের ক্ষিপ্ত ছোবল
আজ অশান্ত এই মন , মানুষ দুটোর থেকেও
গাড়ি দুটোর জন্য
আচ্ছা...ওরা তো কোন অপরাধ করেনি !!
তবে অন্যের অপরাধের বোঝা ওরা কেন নেবে ?

মন ভাল নেই।

।। ২৩ ।। পেন ভাঙা প্রতিবাদ

আঙ্গুল থেকে পেনের ডগা দিয়ে গড়িয়ে নেমে
সাদা কাগজে জায়গা করে নিচ্ছে
বলার মত না বলা সব কথা,
ভয় নেই, এ সব কল্প প্রেমিকের পেন ভাঙ্গা প্রতিবাদ
কত লিখেছি, কত ফেলে দিয়েছি মনের ডাস্টবিনে
অনেক রাত জাগা কল্পনা... অনেক স্বপ্নের ভিড়
দমিয়ে রাখি। অনেকে বলে, ওদের বাড়তে দিতে নেই

আমি ভাবি, ওদের বাচিয়ে রেখে কি লাভ!!
একবার স্বপ্নের মৃত্যু দেখে নিলে,
স্বপ্ন দেখার ক্ষমতাটাই নষ্ট হয়ে যায়।
তবু আমি রোজ সকালে নতুন শুরু করার শপথ নেই
নতুন করে বাঁচার স্বপ্ন... নতুন সূর্যের স্বপ্ন

অর্থহীন অর্থের খোঁজে দিশেহারা সংগ্রামী মানুষের
হার না মানা, গান শুনি।
রনক্লান্ত শরীরগুলো পা হিঁচড়ে হিঁচড়ে
ভিড় ঠেলে এগোতে থাকে অবশ চেতনায়

হঠাৎ সব এলোমেলো
বাতাসে বারুদের গন্ধ
গগনভেদী চিৎকার
সবাই নির্বাক।

ভগবান, তুমি কি সত্যিই চিরবধির ?

।। ২৪ ।। শুনছ , তোমাকে বলছি

শুনছ , তোমাকে বলছি
কখনো এমন অন্ধকারে ভেঁজা
রাস্তার উপরে জোৎস্নায় আলোছায়া দেখেছ ?
অথবা সাড়িবাঁধা ল্যাম্পপোস্টের ফাঁকে শূণ্য
বাসস্টপ ? কিংবা না খাওয়া দারিদ্রতা

এসব ছবি ভাষা হয় মনের অবস্থান পেরিয়ে
জল নিয়ে ভাবা যায় ? নাকি জল শুধুই জীবনের
প্রতীক ?

।। ২৫ ।। কেউ কথা রাখেনি

গভীর আগ্রহে কান পেতে বসে আছি -
ভাবছিলাম কেউ এসে কড়া নাড়বে
নাহ! কেউ এল না...
বিকেলটা কোথায় যেন উধাও হয়ে গেছে
সন্ধ্যে নেমেছে, হঠাৎ বৃষ্টি
হাতে কবিতার বই -শব্দগুলো
হঠাৎ করে কেমন যেন
ঝাপসা হয়ে আসছে;
শেষবারের জন্য পড়ার চেষ্টা করলাম
কেউ কথা রাখেনি

আমারও একটা গল্প ছিল
ছিল কচি সবুজ ঘাসে বিছানো আগামী
হাথ ধরে পথ চলার অনন্ত সময়
ছিল তোমার অপেক্ষায় দাড়িয়ে থাকা
ছিল অল্প ঝগড়ায় মন খারাপের পালা

হারিয়ে যাওয়া সময়ের সাথে সাথে নতুন দিনগুলো
অদৃষ্টের পানে আমার সপ্রতিভ উচ্চারণ
ওই সময়গুলো আমার ছিল, খুব নিজের
ওগুলো যেন আমারই থাকে
সবসময়ের জন্য।।

।। ২৬ ।। আমার শহর

হঠাৎ করে একদিন
পেল আমার শহর– পুরনো আর স্যাঁতস্যাঁতে
জীর্ণ একটা ডাইরি।
এই শহর আমার নিতান্তই ব্যেক্তিগত
এ আমার সব জানে
ছোট বেলার ভাললাগা, একসাথে সিগারেট
বড় বেলার নানান ঘটনা, প্রেম ... সব

পার্কস্ট্রীটের পুরনো লাল বাড়িগুলো
যেখানে আজও ওই ছোটবেলার খ্রিস্টান পরিবার
কম পয়সার দেশি হ্যান্ডমেড wine

টেরিটিবাজারের সেই কুড়িটাকায় মোমো আর
সুপ
ডালহউসিতে বন্ধুরা মিলে প্রথম
তিরিশটাকায় বিরিয়ানির অভিজ্ঞতা

ডাইরিতে আলতো পায়ের গল্প যেন স্বল্প পরিচিতা
যার শাড়ির আঁচল বিছিয়ে আছে আষাঢ় থেকে
শ্রাবণ
আমার শহর ভাবে - এই মওকায় চোখদুটো
পোড়াব
ছিপি কাটা বোতল থেকে ছিটকে বেরোয় দুরন্ত
ম্যায়খানা

তার কপালে ঝড়, পা টলছে এদিক ওদিক
আজ এতদিন বাদে, আবার ডাকতে ইচ্ছে করে

আয় ফ্লাইওভারে, ফুটপাতে আর আবার আমাকে
ভেজা
ছিল কলকাতা তোর বন্ধু, তাকে এবার প্রেমিকা
বানা

।। ২৭ ।। বর্ষা বরন

বিকেলে অঙ্ক করে
বেপাড়ায় বিখ্যাত সে
ছোট্ট টিপ, ফর্সা গড়ন

দুপুরে খাবার পরে
হাল্কা ঘুম ছাদের ঘরে -
সেই তার বর্ষাবরণ

আকাশের নামতা ভেজা
অঙ্কের মন্দ রেজাল্ট
শরীরের ছন্দ ভাঙা ...

অকারণ চশমা চোখে
বেপাড়ার ব্যস্ত লোকে
সেজেছে অন্ধ কাঙ্গাল

আর যার প্রেম ভেঙ্গে যায় ?
আকাশের নামতা ভেজায়
তার কি ভরসা মরন ?

উঁহু, সে অন্য স্বাদের
ভেঙেছে, সে সুবাদে
সারাদিন ভিজছে ছাদে

সেই তার বর্ষাবরণ।

।। ২৮ ।। সূর্য চুরি

যত দিন যাচ্ছে –
আমার ভোরের সূর্য চুরি হয়ে যাচ্ছে
লাল, হলুদ, খয়েরি, বেগুনী সব রঙের
বোরখা পরা লম্বা লম্বা ভুত

আমার দক্ষিন খোলা জানলায় আর হাওয়া
আসে না... এসি র দরকার ।
পয়সা খসিয়ে ঠাণ্ডা হাওয়া কেনা...

আমার পাড়া টা আমি আর চিনতে পারি না
রোজ কত নতুন নতুন লোক
নতুন নতুন প্রেম, ভালবাসা, ঝগড়া, ডিভোর্স
ঘিঞ্জি, নোংরা, পুকুর ভরাট যতসব

প্রত্যেক বছর বাড়ির সামনের দুর্গা পূজার মণ্ডপে
নতুন নতুন মুখ – একটা বাঁধাধরা ব্যাপার
টুকরো টুকরো পাঁচটা এপিসোডের প্রেমের
গল্পগুলো
সারা বছরের রসদ হয়ে থাকে...

শহরটাও অনেক বদলে গেছে
মানুষজন ঘরবাড়ি পোশাক সবকিছুই

দিন দিন আরও কঠিন হয়ে যাচ্ছে
মেকি, আলগা সুতোর বুনট যেন সবকিছুতে,

সম্পর্কেও ।।

তবু অনেক কিছু বদলেও বদলায় না...
পার্ক স্ট্রিটের পুরনো, ভাঙ্গা লাল বাড়ি গুলো
গঙ্গার ঘাট, ধুঁকতে থাকা ট্রাম
বাদুর ঝোলা মিনি বাস
অশ্লীল গালিগালাজ, কনুই-এর গুঁতো
পুরনোরা আজও বেঁচে আছে, বহাল তবিয়তেই।।

।। ২৯ ।। সমাজ ধুয়ে জল খাব ?

রোজ রাতে আমি সাদা লক্ষ্মীপেঁচার সন্ধানে
সারা দুনিয়ায় এক সময় ঘুরে বেড়াতাম
হুম, আমি একজন আর পাঁচটা উচ্চাকাঙ্ক্ষী
লোকের মত

একটা সময় লক্ষ্মীপেঁচা আর প্রজাপতির যুদ্ধও
দেখেছি -- সে ঘোরতর যুদ্ধ
Survival of the fittest, জিতেছে সেই পেঁচাই
প্রজাপতি নেই– মরে গেছে...

এখন ভাবি রোজ রাতে যদি প্রজাপতি ধরে
বেড়াতাম
তাহলে মুরগী বা তিতিরের লড়াইয়ের মত
প্রজাপতির লড়াই দেখতে পারতাম–
আহ, কি দারুণ মজা হত।।
হয়তো ভুল করেছি এটা না করে,
হয়তো ভুল করিনি... জানি না
কিন্তু লড়াইয়ে বাজী ধরেও
লক্ষ্মীপেঁচার সন্ধান করা যেত

অনৈতিক ? ধুর!
লোকলজ্জা ? কোনও মানে নেই -
যারা একটা সময় এটা করে বেড়িয়েছে,
তারা আজ ভালো আছে
সমাজ ধুয়ে জল খাব ?

।। ৩০ ।। সম্পর্কের গন্ধ

সবার শরীরে একটা আলাদা আলাদা গন্ধ আছে
সেটা কক্ষনো change হয় না
সে যতই নাক, ঠোঁট, হাসি বদলাক…
সম্পর্ক বদলে যাক, ছিঁড়ে যাক সরু সুতোটা

রোজ এরকম কত গন্ধ আমার গা ঘেঁষে চলে যায়
চিনিও না তাদের
আমার খুব চেনা কিছু গন্ধ আর ফিরবে না
কোনদিন
অনেক গন্ধ ভুলেও গেছি… কিছু ভুলতে চেয়েছি
আর কিছু – চেয়েছি ভোলাতে

কিছু গন্ধ হারিয়ে গেছে,
ফিরে পেতে চাই, জানিনা কোথায়

আমার না, কিছু ভালো লাগার
মন খারাপ করা জায়গা আছে, সবার থাকে
যেমন আম্রকুঞ্জ, ছাতিম তলা, গঙ্গার পার,
বই পাড়া, পার্ক স্ট্রিট, সেন্ট পলস, ব্যাস্ত প্ল্যাটফর্ম

মাঝে মাঝে মন খারাপের দিনে আমি ওই
গন্ধগুলো খুঁজি , জানি পাবো না কোনও দিন।
তাও খুঁজি …

অনেকে বলে আমি একটু অন্য ধরনের

টাকাও ছাপাবার চেষ্টা করি, আবার আতলেমিও
করি
হা হা হা!! আমি এরকমই

একদিন তো সবারই গন্ধটা হারিয়ে যায়
গন্ধ রা আর থাকে না...
কারও স্থান হয় লাশ কাটা ঘর, কেউ যায় মাটির
নীচে
আর কেউ হয় ছাই !!

।। ৩১ ।। রাতগুলো এলোমেলো

রাতগুলো এলোমেলো,
নিয়ন আলোতে আমার রাতের শেষ প্রহর
সব কিছু শেষ হয়ে আসছে আমার ভালবাসার মত
আমি ভালবাসি, ভাল না বাসার মত

রক্তে অচেতন করে দেওয়া ড্রাগ
গঙ্গার ভাঙ্গন রত পাড় ...
ভাঙ্গন রত বুক আজ আরও অস্থির
হাওয়ায় চুমু খায় হালকা বৃষ্টি ধারা
জিনসের ধুলোটা ঝেড়ে নেই...

ভোর হয়ে এসছে
প্রথম আলো ... এ রকম করে
অগুনতি রাত কেটে যায়
আবার জীবন যুদ্ধ শুরু

শেষ কবে এই নিয়ন আলোর হাতছানি ...!!

।। ৩২ ।। . . . .

তোমাকে ভালবেসেছি ততটাই
ঠিক যতটা প্রয়োজন ছিল
ভালবেসেছি এতটাই
মনে পরলে থেমে যায় হৃদ স্পন্দন

আমার শরীরের রক্ত জমাট হতে হতে
তৈরি হয় তোমার অবয়ব
মনের ক্যানভাসে প্রতিনিয়ত এঁকে যাই
তোমার প্রতিচ্ছবি

যদিও আজ তুমি নেই আমার পাশে
তবু –
যে মুহূর্তে এসে হারাবো তোমাকে
ঠিক সেখানেই থমকে যাবে এই –

অপ্রয়োজনীয় জীবন!

।। ৩৩ ।। বসন্ত যেভাবে আমার জন্য

তোর মত করে এই দূরে বসেও
হা করে অনেক্ষন ধরে বসন্ত দেখা আমার
চোখ জ্বালাবে বলে যারা আগুন ধরিয়েছিল
বাতাসে, গাছে, কৃষ্ণচূড়ায় ... তাদের হাত থেকে
বাচতেই বোধহয় জল এসে যায় চোখে

এসব হওয়ার অনেক পরে
ও ওর বন্ধুকে নিয়ে হঠাৎ ব্যাস্ত হয়ে পরেছিল
যারা আজকের, কালকের, প্রতিদিনের -
তাদের মত করেই স্বাভাবিক ভেবে
মেনে নেওয়া সহজ ছিল হস্তান্তর

অথবা পালানো যেত চোখ লুকিয়ে
অতয়েব পালানো প্ল্যান কর
বৃষ্টি আসার আগেই, প্রথম চুম্বনের অনেক আগে
বসন্ত বোঝার অনেক অনেক আগেই ।।

বড় দেরি হয়ে গেছে ...

সমাপ্ত

www.ingramcontent.com/pod-product-compliance
Lightning Source LLC
Chambersburg PA
CBHW060541030426
42337CB00021B/4380
9789351262671